Schottland

lieben lernen

Der perfekte Reiseführer für einen unvergessli-
chen Aufenthalt in Schottland inkl. Insider-Tipps,
Tipps zum Geldsparen und Packliste

Mandy Buskohl

✈ INHALT

Packliste

Das erwartet Sie in diesem Buch

Nichts scheint mystischer zu sein als die verborgenen Schätze der sagenumwobenen Gegend schottischer Highlands. Sei es Loch Ness mit seinem ganz eigenen Wassermonster „Nessi" oder das atemberaubende Edinburgh Castle.

Träumen Sie sich fort in eine Zeit der schottischen Clans und der wilden Kämpfe wie der Schlacht von Culloden, auf weiten Grünflächen zwischen hohen Bergen, und genießen Sie es, den Alltag und die Arbeit hinter sich zu lassen. Seien Sie bereit, Ihren

Traum zu verwirklichen und diese Ihnen noch unbekannte Stadt und ihre Umgebung mit eigenen Augen zu entdecken.

Mit diesem Reiseführer können Sie Ihren Träumen endlich Taten folgen lassen. Ob Kurztrip, Pilgerreise oder Langzeiturlaub – mit diesem Taschenbuch haben Sie nicht nur das nötige Insiderwissen über die schottischen Gepflogenheiten, Unterkünfte sowie Restaurants in der Hand, sondern erfahren auch allerlei Wissenswertes über die Traditionen und Mythen der Highlands.

Zu Beginn erhalten Sie einen kleinen Einblick in die Geschichte der Highlands und in die Lebensart der Einwohner Schottlands. Anschließend widmen wir uns dem schottischen Volk sowie deren Gepflogenheiten in der Tradition und in der Moderne. Folglich kommen wir zu den Sehenswürdigkeiten mit Tipps, Tricks und Insiderwissen über die schottische Gourmetküche sowie über Low-Budget-Varianten für Hotel und Verpflegung in den großen Städten und den Highlands.

Freuen Sie sich darauf, in die Welt der schottischen Dudelsäcke, des selbstgebrannten Whiskeys und der unbegrenzten grünen Täler, auf denen

Jahrhunderte traditioneller Geschichte geschrieben stehen, einzutauchen. Erleben Sie außerdem das moderne Schottland, das Sie dazu einlädt, die städtische Kultur näher kennen zu lernen.

Nutzen Sie diesen Reiseführer für Jung und Alt, für Entdecker und Städtereisende. Mit dem gesamten Wissen sind Sie für eine geplante Schottlandreise optimal ausgerüstet.

Für alle Harry-Potter-Fans und Fans der Serie „Outlander" gibt es hier exklusives Wissen darüber, wie man die Schottlandreise mit dem Besuch bekannter Drehorte verbinden kann.

Ein sagenumwobenes Land

SCHOTTLAND IM ÜBERBLICK

Nördlich von England gelegen genießt Schottland mit seinen ca. 5,4 Millionen Einwohnern eine noch von alten Traditionen geprägte Lebensphilosophie. Vor allem der Norden des Landes ist gezeichnet von den freien und zum großen Teil unbewohnten Highlands. Ein Großteil der Bevölkerung siedelte sich somit im südlichen zentralen und städtischen Teil (den sogenannten „Central Lowlands") der Region an. Hier finden wir neben Edinburgh, der Hauptstadt Schottlands, auch die ehemalige Handelsstadt Glasgow, die mit knapp 600.000 Einwohnern die größte Stadt der Region präsentiert.

Ganz im Süden des Landes, in den sogenannten „Southern Uplands", finden wir einen großen Anteil freier Natur. In diesem Fall jedoch nicht ganz so wild wie im Bereich der Highlands, welche weiter im Norden des Landes gelegen sind.

Die Highlands bilden eine weite, fast unbegrenzte Heidelandschaft mit zahlreichen Seen, welche von hohen Bergen umgeben sind. Sie stellen den Teil Schottlands dar, den Sie aus vielen Filmen und Geschichten wiedererkennen werden. Hier erlebt man das Gefühl der Sagen und Mythen an vielen Orten. Den Eingang der Highlands betritt man durch die geschichtsträchtige Stadt Inverness.

Insidertipp: Inverness ist der perfekte Start und Endpunkt für Tagesreisen oder Ausflüge in die Highlands.

Doch so atemberaubend auch die schottische Landschaft zu sein vermag, ohne ihre lebensfrohen und traditionellen Einwohner würde ein großer Teil des schottischen Flairs verloren gehen. Aufgeschlossene, extrovertierte Menschen begrüßen Sie mit ihrer Offenheit und Gastfreundschaft, unabhängig davon, an welchem Ort Schottlands Sie sich derzeit befinden.

Der Tradition treu geblieben, begeistern die Schotten jährlich hunderte von Besuchern im Sommer mit den bekannten „Highland Games" und weiteren Festen rund um die traditionellen Bräuche der schottisch-highländischen Gepflogenheiten.

EIN KURZER AUSFLUG IN DIE VERGANGENHEIT - DIE GESCHICHTE SCHOTTLANDS

In diesem Kapitel erhalten Sie einen kurzen Einblick in die wegbereitenden Momente der schottischen Vergangenheit. Im Gesamten betrachtet ist die schottische Geschichte sehr umfangreich und sollte bei detailliertem Interesse in entsprechenden Ratgebern und Geschichtsbüchern nachgelesen werden. Es ist auf dem Weg zur Reisevorbereitung in jedem Fall einen Exkurs wert, dass Sie sich mit den wegbereitenden Ereignissen der schottischen Vergangenheit näher beschäftigen.

Betrachtet man die schottische Geschichte, ist sie eng verbunden mit dem englischen Volk. Schon seit jeher besteht ein nicht zu trennendes, rotes Band zwischen diesen beiden Ländern, welches nicht selten zu dramatischen Auseinandersetzungen zwischen den Clans und zu daraus resultierenden, häufig verheerenden Kriegen geführt hat. Doch auch untereinander ließen die Schotten eher selten das Kriegsbeil auf dem Tisch liegen. Denn die Schotten wollten seit jeher vor allem eines: Unabhängigkeit.

Zur eigentlichen Namensgebung Schottlands kam es durch die Besiedlung eines keltischen Stammes aus Irland, den sogenannten Scoten, die 400 Jahre nach Christus das Land erreichten. Neben ihnen besiedelten weitere kleine Stämme das schottische Land. Im 6. Jahrhundert verbanden sich diese Stämme aufgrund der einfallenden Wikinger zu einem großen Clan. Das damalig unter dem Namen „Scotia" bekannte Schottland erhielt mit diesem Zusammenschluss der ersten Clans seine heutige Grenze bis zu dem Zeitpunkt der Jahrtausendwende, als die Könige im Süden des Landes ihre Regierung antraten. Hier markieren wir den Anfang der unruhigen Fehde zwischen der traditionellen Lebensweise der Clans in den schottischen Highlands und der königlich regierten Lebensweise im Süden des Landes.

Mit dem Einzug der Königsfamilie Stuart mischte sich auch England wieder in die schottische Geschichtsführung ein. Ziel war es, die eigene Macht innerhalb Schottlands zu vergrößern. Leider ließ die Königsfamilie Stuart oft ihre Fürsorgepflicht dem eigenen Land gegenüber außer Acht und war somit, unter dem einfachen Volk, als Königsfamilie nicht hoch angesehen.

Der Religionskonflikt spaltete die schottische Nation und darf in dieser Konstellation nicht in den Schatten gestellt werden. Die Clanchefs im Hochland blieben religiös katholisch und bekennende Anhänger der Stuart-Könige, die auch unter dem Namen „Jakobiten" bekannt waren. Der übrige schottische Adel war hingegen protestantisch, unter anderem auch, weil viele von ihnen abhängig waren von den Engländern, deren Güter sowie der englischen Unterstützung im Wirtschaftssektor.

Im Laufe der Zeit wurde aufgrund dieser

Tatsache, selbst gegen den offensichtlichen Widerstand der Bevölkerungsmehrheit, ein Zusammenschluss der schottischen Adligen mit England zu einer politischen Union beschlossen. Dieser Zusammenschluss bildete somit den Beginn des Vereinigten Königreichs.

Den letzten großen Aufstand der Clanchefs gegen diese Zusammenkunft gab es 1746 bei der großen Schlacht von Culloden.

Nach ca. 300 Jahren mehr oder weniger ruhigem Zusammenleben unter der vereinigten Nation schaffte es Schottland erst im Jahre 1997 durch einen Volksentscheid – 2012 schriftlich festgesetzt –, seine Unabhängigkeit wieder zurückzuerlangen.

SCHOTTISCHE ARCHITEKTUR - EIN BIS HEUTE UNGELÖSTES RÄTSEL

Betrachtet man neben der schottischen Geschichte die architektonischen, oft sagenumwobenen Burgen, Steinkreise und Städte, bleiben viele Fragen nach dem Bau, der Entstehung und dem spirituellen Gedanken hinter der Errichtung seit Jahrhunderten offen im Raum stehen.

Die frühesten Zeugnisse menschlicher Siedlungen in Schottland stammen aus der späten Steinzeit. Ca. 2.000 bis 2.500 v. Chr. entstanden zum Beispiel „Maeshow" (eine Megalithanlage) sowie „Skara Brae" auf den Orkney Inseln, die aufgrund ihrer gut erhaltenen Mauern auch als das „Pomeji Schottlands" bezeichnet wird. Wie diese einzigartigen Kunstwerke entstanden sind, kann man selbst heute kaum nachvollziehen.

Aus der Eisenzeit, ca. 100 v Chr., stammen die sogenannten „Brochs" – die keltischen Rundtürme, die zur Zeit des Trockensteinbaus entstanden sind. Oft dienten sie aufgrund ihrer massiven Bauweise als Schutz und Zufluchtsort für Familien und Clans. Um die Brochs herum fanden sich damals zahlreiche kleine Hütten, in denen die Clans gemeinsam gelebt haben.

Ein weiteres atemberaubendes, aber auch zeitgleich rätselhaftes Phänomen der schottischen Architektur stellen die zahlreichen Steinkreise dar. In kaum einem anderen Land finden sich so viele Steinkreise wie in Schottland und den angrenzenden Inseln. Errichtet in der Jungsteinzeit, können wir die

Entstehung dieser Meisterwerke selbst heutzutage kaum nachvollziehen. Es deutet vieles darauf hin, dass mit den Steinkreisen der Stand von Sonne und Mond mit bestimmten Messtechniken verfolgt und die Winter-Sonnwende berechnet werden kann. Allerdings vermuten viele Wissenschaftler und Architekten einen höheren Sinn hinter den Steingebilden. Vielmehr ist uns heutzutage bekannt, dass diese Orte an bestimmten energetischen Kraftplätzen errichtet wurden. Sogenannte „Ley-Linien", die als Energielinien unter der Erde mit deutlich erhöhter Schwingung und Frequenz gemessen wurden, bilden an den Stellen der Steinkreise oder anderer großer architektonischer Bauwerke Knotenpunkte. Dies scheinen unsere schottischen Vorfahren gewusst und für Rituale und Bräuche genutzt zu haben.

Hier nur ein paar der für eine Schottlandreise interessanten Steinkreise:
• Neolithic Heart of Orkney (Orkney Insel Mainland)
• Ring of Brodgar, Orkney (der drittgrößte Steinkreis in Großbritannien)
• Steinkreis Calanais auf der Insel Lewis
• Cairns in den Highlands (Inverness)

Insidertipp: Für alle Fans der Serie „Outlander" findet man hier in den Highlands den Charme der Serie wieder und kann sich ganz in das Zeitalter der Epoche fallen lassen.

• Steinkreis von Cullerlie (Aberdeen aus der Bronzezeit)
• Stonehenge als einer der bekanntesten Steinkreise. Er liegt im Süden Englands und ist in jedem Fall einen Besuch außerhalb der schottischen Grenzen wert.

Mindestens 14 Steinkreise sind auf und um die schottischen Inseln herum zu finden. Jeder von ihnen hat eine besondere Geschichte, die es sich lohnt, zu erkunden.

Neben den tief in der Geschichte verankerten Steinkreisen entwickelte sich der moderne schottische Architekturstil im Laufe der Jahrhunderte von einem sicheren, pragmatischen sowie den damaligen Gegebenheiten angepassten Stil zu einem immer schmuckvolleren, viktorianischen Erscheinungsbild.

EIN GANZ BESONDERES VOLK – WIE DER EINHEIMISCHE SCHOTTE LEBT UND LIEBT

In diesem letzten Kapitel kommen wir darauf zu sprechen, welch hohen Stellenwert die schottische Gastfreundschaft seit jeher in der Tradition einnimmt und wie Sie sich am einfachsten in die schottische Lebenskultur einfügen können. Denn ohne diese aufgeweckten Lebensgeister wäre selbst eine solch atemberaubende Landschaft wie die der Highlands und ihrer Umgebung nicht dazu in der Lage, mit ihrem Charme zu überzeugen.

Jeder Besucher Schottlands wird von der aufgeweckten und zuvorkommenden Art ihrer Bewohner überrascht sein, verbindet man doch im ersten Gedankengang ein eher ernstes sowie zurückgezogenes und auf traditionelle Gepflogenheiten besonnenes Gemüt im Hinblick auf die schottischen Einsiedler. Doch vor allem in den städtischen Gebieten, wo auch hier der Tourismus heutzutage deutlich vermehrt Einzug hält und mit rund 18 Mio. Besuchern im Jahr stetig wächst, stellen sich die Ortschaften auf die aktuellen Gegebenheiten ein.

Zunächst möchten wir Sie über drei der

gängigsten schottischen Klischees aufklären:

• **Geiz und Sturheit sind des Schottens zweiter Vorname:** Mit diesem ersten Klischee liegt man wie oben schon erwähnt vollkommen falsch. Schon in der geschichtsträchtigen schottischen Vergangenheit wurde deutlich, dass dem Schotten ein hohes und vor allem zwischenmenschliches Normen- und Wertesystem mit in die Wiege gelegt wurde. Natürlich war der Materialismus wichtig, aber die Verbindung zu der Familie und zu den Mitmenschen nahm immer einen höheren Stellenwert ein als jeglicher materielle Besitz. Und so verhält es sich auch noch heute in den schottischen Familien. Sie werden erstaunt sein, wie gastfreundlich und zuvorkommend die Schotten auf Sie reagieren werden, wenn Sie sich respektvoll und hilfesuchend an sie wenden – sei es bei der Suche nach einer Unterkunft oder bei der Frage nach dem richtigen Weg oder nach einer warmen Mahlzeit. Sie können darauf vertrauen, dass ein Schotte Ihnen immer offen und freundlich gegenüber auftreten wird und Sie keinesfalls „im Regen stehen lässt" – vorausgesetzt Sie begegnen ihm mit einem ebenso offenen und freundlichen Gemüt.

- **Jeder Schotte trägt einen Kilt und spielt Dudelsack**: So romantisch diese Vorstellung auch klingen mag, in diesem Fall dürfen wir Ihnen Ihre Traumvorstellung leider nehmen. Dieses Klischee gehört schon lange der Vergangenheit an. Lediglich dort, wo auch viele Touristen anzutreffen sind, finden Sie auch eine Großzahl an Männern, die diesem Bild immer wieder ein wenig Nahrung für Ihre Fantasie geben werden, wenn Sie in Edinburgh, Glasgow oder Aberdeen durch die historischen Altstädte schlendern. Ebenso antreffen werden Sie die schottischen Männer in ihren Kilt mit dem Dudelsack im Gepäck, wenn Sie die traditionellen Highland-Games im Sommer besuchen. Im Alltag allerdings sind die Schotten einfach gekleidete Menschen wie viele andere, die Ihnen tagtäglich begegnen: Auf der Arbeit sind sie ordentlich gekleidet mit Anzug und Krawatte und in der Freizeit mit Jeans und T-Shirt.

- **Whiskey zum Frühstück, Mittagessen und Abendbrot:** Verrauchte Pubs, schmuddelige Kleidung und mittelalterliche Gesänge mit dem Whiskeyglas in der Hand sind ebenfalls Bilder, die Sie eher aus schottischen Filmen kennen. Das Brauen des Whiskeys umfasst seit jeher eine besondere Kultur der Schotten und wurde in den letzten Jahrhunderten zu einer fast königlichen Tradition. Somit ist der Whiskey schon lange kein Getränk mehr, das man in Massen zu sich nimmt, sondern vielmehr im Maß genießt. Der edle Single-Malt-Whiskey gehört zu den schottischen Sorten, die einen besonderen Genießer-Status beinhalten. Somit kann es zwar gerne vorkommen, dass die Schotten oft zu tief ins Glas schauen, aber den Wert eines guten Whiskeys erkennen sie allemal. Gesellige Abende in einem nicht weit abgelegenen Pub gehören mit zur schottischen Tradition und sollten somit auch von Ihnen für einen geselligen Abend in Betracht gezogen werden.

Insidertipp: Gönnen Sie sich einen Ausflug zu einer der knapp 100 Destillerien. Hier erfahren Sie mehr über die traditionelle Herstellung der schottischen Whiskeysorten und können im Anschluss an einer Verkostung teilnehmen. Hier eine Auflistung der beliebtesten Destillerien im Raum Schottland:

1. Oban Distillery (eine der ältesten in ganz Schottland)
2. Caol Ila Distillery (Insel Islay)
3. Glenkinchie Distillery (Lowlands)
4. Royal Lochnagar Distillery (nahe Balmoral Castle)
5. Cardhu Distillery (dies ist die einzige Destillerie, die von einer Frau gegründet wurde)
6. Dalwhinnie Distillery (für Liebhaber des milden und weichen Whiskeys. Ein Ausflug nach Iverness bietet sich hier an.)

Zusammenfassend lässt sich somit Folgendes festhalten:

Natürlich trägt der Schotte gerne seinen Kilt. Selbst die schottische Jugend hat ihn mittlerweile als modisches Accessoire entdeckt und in den Alltag mit integriert. Ansonsten findet man ihn zum Großteil ausschließlich zu traditionellen Festen und Bräuchen sowie im Tourismusbereich getragen.

Die Gastfreundschaft und Kommunikationsfreude der Schotten kann als nicht wegzudenken umschrieben werden, da sie von großer Warmherzigkeit geprägt ist – unabhängig davon, ob es sich um ein gemütliches Beisammensein im Pub beim

Whsikey oder um die Frage nach der Wegbeschreibung auf einer Wanderung handelt. Eine aus der traditionellen Geschichte entstandene Sparsamkeit, die gerne als Geiz der schottischen Gemeinde ausgelegt wird, trifft jedoch wie oben beschrieben in keiner Weise zu.

Das beschreibt auch wunderbar die folgende typische Redensart: *"Mony a mickle maks a muckle!"*. *Einfach übersetzt bedeutet es in etwa: "Viele kleine Dinge ergeben etwas Großes".*

Somit sind Sie auf Ihrer Reise durch Schottland in besten Händen, da jeder Schotte Ihnen auch bei der kleinsten Möglichkeit unter die Arme greifen wird.

Die Reise kann beginnen

Bei einem Besuch der schottischen Region gibt es viele wunderschöne und sehenswerte Orte, für die es sich lohnt, auch einen längeren Anfahrtsweg in Kauf zu nehmen. Im Folgenden erhalten Sie einen Überblick über die Sehenswürdigkeiten der schottischen Ländereien und Burganlagen. Im Anschluss lernen Sie die großen und bedeutenden Städte Schottlands näher kennen.

SEHENSWÜRDIGE ORTE IN DEN SCHOTTISCHEN LÄNDEREIEN

- **Loch Ness:** Das Seeungeheuer „Nessie" und die damit verbundene Landschaft gehören sowohl zum bekannten Aberglauben der Schotten als auch zu einem der schönsten Orte, die man auf der Reise in das Herz von Schottland entdecken kann. Als zweitgrößter See ist Loch Ness 37 Kilometer lang, 1,5 Kilometer breit und an der tiefsten Stelle 230 Meter tief. Er ist somit das wasserreichste „Loch" in Schottland und befindet sich eine halbe Stunde Autofahrt entfernt von Inverness. **Fort Augustus** und **Drumnadrochit** sind zwei malerische Orte, von denen Sie eine Rundwanderung durch die Highlands und um das „Loch" herum starten können. Ebenso lohnt es sich, den See in einem Boot vom Wasser aus zu bewundern. Die zweistündige Tour startet vom Clansman Harbour aus und beinhaltet einen Abstecher zum Urquhart Castle.

Preis: Je nach Dauer und Wahl der Tour ab 15 Pfund.

Insidertipp: Kombinieren Sie den Besuch von Loch Ness mit einem Abstecher nach Iverness, wenn Sie mit dem Auto unterwegs sind.

- **Loch Lomond:** Dieser See beschreibt das größte Loch Schottlands. Circa 23 km nordwestlich von Glasgow findet man den See im **Loch Lomond and Trossachs Nationalpark,** der als wahrer Touristenmagnet gilt, da man hier nicht nur wandern, sondern auch vielen weiteren Aktivitäten nachgehen kann, so z. B. einer Kajak-Tour oder einem Abenteuertrip in Richtung der vielen alten Schlösser und Burgen dieser Region. Auch wird der Nationalpark als „die Highlands in Miniatur" bezeichnet. Hier lohnt es sich, die wetterfeste Zeit von April bis Oktober zu nutzen, um eine Großzahl der Aktivitäten nutzen zu können.

- **Ben Nevi:** Der höchste Berg Schottlands lädt nicht nur ambitionierte Wanderer jedes Jahr wieder dazu ein, die wunderschöne Landschaft der schottischen Highlands zu entdecken. Mit 1.345 Höhenmetern kann man hier eine Wanderstrecke von 2-3 Stunden auf dem Mountain Track oder dem Pony Track genießen.

Insidertipp: Auch wenn es am Anfang nicht den An-schein machen mag und der Wanderweg sowohl für Einsteiger als auch für erfahrene Bergsteiger geeig-net ist, wird man hier teilweise an die eigenen kör-perlichen Grenzen stoßen. Trotz der kurzen Strecke sollte also ausreichend Wasser und Proviant im Ge-päck sein. Nicht zu vergessen ist eine wind- und re-genfeste Jacke, da die Wetterverhältnisse auf der Spitze des Berges nicht denen in den Talgebieten entsprechen und es hier durchaus zu einem eher un-gemütlich kalten und windigen Luftzug kommen kann.

• **Glenfinnan Vidaukt**: Harry-Potter-Fans aufge-passt! Schottland ist ein wahres Mekka der Kulissen und Sehenswürdigkeiten rund um den Kultzauberer Harry Potter und seine Freunde. Wer schon immer in die mystische Welt der Zauberer von Hogwarts eintauchen und einen Teil der Originalkulissen ent-decken wollte, ist hier genau richtig. Einer der welt-bekannten Drehorte ist das hier genannte Glen-finnan Viadukt. Eingebettet in eine malerische Land-schaft aus Gipfeln, Wiesen und Wäldern führt die 380 Meter lange und 30 Meter hohe Brücke (bestehend aus 30 Pfeilern) in Richtung des Loch Shiel, der jedem Harry-Potter-Fan das Herz höher schlagen lässt, da er in einigen Filmen als Kulisse des Hogwarts-Sees zu sehen war.

Insidertipp: Von April bis Oktober hat man die Möglichkeit, den Hogwarts-Express über das Viadukt fahren zu sehen. Vormittags um 11 Uhr und nachmittags gegen 15 Uhr. Da auch dies ein Touristenmagnet ist, empfiehlt es sich, ein wenig eher da zu sein, um den perfekten Blick auf den Zug zu haben.

• **Der Leuchtturm auf der Halbinsel Neist Point:** Ein Ausflug auf die Insel mit dem sagenumwobenen Leuchtturm lohnt sich in jedem Fall. Das Panorama ist unverwechselbar und aufgrund dessen leider kein besonderer Geheimtipp mehr. Der 19 Meter hohe, nicht öffentlich zugängliche **Leuchtturm** steht an einer steilen Klippe und bietet vor allem bei Sonnenuntergang ein einzigartiges Bild vor den Weiten des Meeres und der ihn umgebenen, unendlich grünen Landschaft. Solch ein Ausblick auf die wilde Natur an diesem malerischen Küstenabschnitt ist nicht nur wunderschön, einzigartig und atemberaubend, sondern auch ein Touristenmagnet, von dem man sich allerdings nicht abschrecken lassen sollte. Denn dieses Erlebnis ist es in jedem Fall wert.

Insidertipp: Es gibt zwei Wege, die Sie zum Leuchtturm führen: Der einsteigerfreundliche Weg führt die Treppe am Besucher-Parkplatz entlang. Bei der herausfordernden **Variante müssen Sie den Steilhang entlang klettern. Wichtige Info:** Der Rückweg ist noch abenteuerlicher als der Hinweg. Machen Sie sich auf einige Höhenmeter und knifflige Abzweigungen gefasst. Sicheres Schuhwerk ist hier ganz klar von Vorteil.

• **Die Fairy Pools**: Im Westen der Isle of Skye, in der Nähe des Örtchens Glenbrittle, befinden sich die „Fairy Pools". Sie bezeichnen die atemberaubenden Wasserfälle auf der wunderschönen schottischen Insel. Die Anreise mit dem Auto ist auch hier am einfachsten, parken können Sie auf dem Forestry Comission Gravel Carpark. Die Strecke zu dem Naturspektakel beträgt dann allerdings noch 2,4 km, die sich aber aufgrund der wunderschönen Umgebung auch zu Fuß problemlos zurücklegen lassen.

Insidertipp: Um die geballte Magie der Fairy Pools zu erleben, sollten Sie Ihre Badekleidung mit im Reisegepäck haben, denn: Baden in den Fairy Pools ist erlaubt! Auch wenn es sehr kalt ist, ist dies ein Erlebnis, das man sich nicht entgehen lassen sollte.

- **Die Highlands und Glen Coe**: Hier schlägt das Herz jedes Naturfreundes höher. Wer die schottische Natur von seiner schönsten Seite kennen lernen will, kommt um einen Besuch in Glen Coe nicht vorbei, denn hier zeigen sich die Highlands von ihrer sowohl romantischsten als auch abenteuerreichsten Seite. Die hohen Berge werden von malerischen Tälern durchzogen und man kann den Blick kaum von der landschaftlichen Schönheit abwenden. Der gleichnamige Ort Glen Coe bildet ebenso das Tor zu den Highlands.

Die Highlands beschreiben das nordwestliche Gebiet Schottlands. Atemberaubende Hügel und Bergabschnitte, weite, grüne Wiesen sowie Täler, verlassene Moore und die zahlreichen großen und kleinen Lochs sowie die Fauna und Flora mit ihren

Highland Cows prägen das sogenannte schottische Hochland. Wer letztendlich doch das städtische Leben auf dieser Reise durch die Highlands vermisst, darf einen Abstecher in die Stadt Inverness machen, der sogenannten „Highland-Metropole". Hier empfiehlt sich ein Besuch des viktorianischen Marktes sowie des Inverness Castles.

Insiderwissen: Aufgrund des tragischen Massakers im Jahre 1692, welches 38 Menschen das Leben kostete, trägt Glen Coe auch den Namen „Das Tal der Tränen".

Für alle Harry-Potter-Fans: Glen Coe war die Drehkulisse für ‚Der Gefangene von Askaban" sowie für die Zauberschule Hogwarts.

Insidertipp: Auch im Winter ist Glen Coe ein äußerst attraktives Touristenziel, da es sich hier wunderbar Skifahren und Snowboarden lässt.

SEHENSWÜRDIGE SCHLÖSSER UND BURGANLAGEN

- **Stirling Castle** (gebaut 1490 n. Chr.): Die ehemalige Hauptresidenz schottischer Könige sollte von jedem besucht werden, der sich auf eine Rundreise in Schottland begibt. Sie thront auf einem alten Vulkankegel entlang des Flusses Forth. Historisch betrachtet ist es das Schloss von größter Bedeutung für die schottische Gesellschaft. Insgesamt 16 Schlachten wurden hier ausgefochten, unter ihnen die Schlacht von Stirling Bridge, einer der bedeutendsten Unabhängigkeitskriege der schottischen Geschichte.

Eintritt: inkl. Audioguide ca. 17 Pfund

Parken: Kostenlos auf der Barn Road // direkt am Schloss – 4 Pfund

Insidertipp: Der Film „Braveheart" bringt euch nicht nur in Stimmung, sondern auch die schottische Geschichte rund um das Stirling Castle und seine Geschichte ein wenig näher.

- **Edinburgh Castle** (Großteil erbaut 1600 n. Chr.): Spricht man von Edinburgh Castle, spricht man gleichzeitig von einem Wahrzeichen der schottischen Region. Auch Edinburgh Castle steht seit dem 16. Jahrhundert auf einem erloschenen vulkanischen Basaltkegel und durfte in seiner jahrtausendalten Geschichte eine kaum noch nachvollziehbare Anzahl an Belagerungen, Zerstörungen und Wiederaufbauversuchen miterleben. Man sagt, dass an diesem Ort schon seit dem 6. Jahrhundert kleine Festungen gebaut wurden. Durch die Königsfamilie Stuart wurde die Burg zu einer der wichtigsten Königsburgen Schottlands.

    Eintritt: inkl. Audioguide ca. 23 Pfund

    Parken: Direkt vor Ort gibt es keinen Parkplatz! Wir empfehlen eines der Parkhäuser am Bahnhof zu nutzen und von dort aus die Erkundungstour durch Edinburgh Richtung Edinburgh Castle zu starten.

- **Eilean Donan Castle** (erbaut 1200 n. Chr.): Westlich gelegen, in den schottischen Highlands am Loch Duich, nahe des Ortes Domi, finden wir eines der beliebtesten Fotomotive Schottlands. Es liegt auf einer eigenen kleinen Insel und ist von drei unterschiedlichen Lochs umgeben. Diese Lage machte das Eilean Donan Castle schon damals zu einem besonders sicheren Stützpunkt der Familie des Macrae Clans.

Insidertipp: Gönnen Sie sich eine Übernachtung in einem der wunderschönen Eilean Donan Castle Appartements mit Selbstverpflegung.

Eintritt: ab 7,50 Pfund für Erwachsene

Parken: Ein großer Parkplatz direkt vor Ort hält ausreichend Parkmöglichkeiten bereit.

Die Anreise mit den öffentlichen Verkehrsmitteln ist auch problemlos möglich. Die Anreise von Inverness aus bietet eine Direktverbindung mit dem Linienbus 719 zum Schloss. Dieser fährt in Richtung Portree über Dornie direkt zum Schloss. Jede weitere Anreise von Glasgow oder Edinburgh ist mit den öffentlichen Verkehrsmitteln natürlich ebenso möglich, aber mit einem Zeitaufwand von 5 Stunden eher nicht empfehlenswert.

- **Dunvegan Castle** (erbaut 1220 n. Chr.): Wollen Sie Dunvegan Castle besichtigen, führt Sie der Weg auf die Isle of Skye. Das Dunvegan Castle ist das einzige Schloss Schottlands, welches noch heute ganzjährig von den Nachkommen des MacLeaods Clans bewohnt wird. Natürlich ist eine Besichtigung des Schlosses problemlos möglich, da ein kleiner Teil der Räume liebevoll für interessierte Besucher ausgestaltet worden ist. Auch eine Erkundungstour durch das Verlies des Schlosses ist bei Interesse möglich. Unter den vielen Burgen in Schottland ist das Dunvegan Castle eine Besonderheit, da es seit über 800 Jahren in Besitz des Clans der **MacLeods verbleiben konnte**.

Auch hier kommen alle Fans der Serie „Highlander" auf ihre Kosten, da dieser Clan eine zentrale Rolle in der TV.Serie spielt. Die MacLeods zählten damals zu einer der bedeutendsten Familien der schottischen Geschichte. Man kann entweder das Schloss und die damit verbundene Landschaft erkunden oder sich nur den Eintritt für die Gartenlandschaft gönnen. Der Besuch der Gartenlandschaft des Dunvegan Castle ist einen Besuch wert. Es gibt Wasserfälle, einen Seerosenteich sowie viele liebevoll gestaltete Themenbereiche zu entdecken.

Insidertipp: Auf Dunvegan Castle kann man Seerobben beobachten. Es besteht jedoch ausschließlich die Möglichkeit, die Tour in Kombination mit einem Schlossbesuch zu buchen. Die Buchung ist nur vor Ort möglich. Geöffnet hat das Robbenparadies vom 1. April bis 30. September täglich von 10:00 Uhr bis 17:30 Uhr.

Preis: Schloss & Garten ab 14 Pfund // Schloss ab 12 Pfund
Parken: Kostenfreie Parkmöglichkeit direkt am Schloss

• **Dunnottar Castle** (erbaut ca. 1392 n. Chr.): Auch als „Die Burg ohne Mauern" bezeichnet, gilt Dunnottar Castle aufgrund seiner speziellen Lage auf einer 50 Meter hohen Klippe als uneinnehmbar. Um den Aufstieg zur Burg zu passieren, erwarten Sie 200 Stufen die Klippen hinauf. Nachdem sich die damalig in dem Schloss thronende Familie Keith im 18. Jahrhundert auf die Seite der Jakobiten stellte und im Jahre 1715 wegen Hochverrats hingerichtet wurde, gingen die Ländereien an die Krone des Landes. Dies brachte traurigerweise einen Verfall der Burg mit sich, da Dunnottar nicht das Interesse der Engländer auf sich zog. Erst, als 1925 die Familie Cowdray Dunnottar Castle in ihren Besitz übernahm, steht es dem allgemeinen Volk wieder zur Verfügung und wird seitdem restauriert.

Preis: ca. 7 Pfund

Parken: An der Schlossruine selbst gibt es nur ein paar wenige Parkplätze. Alternativ macht es Sinn, sich schon einige Straßen vorher einen Parkplatz zu suchen. Falls Sie mit den öffentlichen Verkehrsmitteln anreisen, führt Sie die Straße vom Bahnhof in Richtung Hafen und von dort aus ein wunderschöner Weg an der Küste entlang zum Schloss. Die Gesamtstrecke beträgt ca. 4 km.

Sehenswürdige Städte

HAUPTSTADT EDINBURGH

Als UNESCO Weltkulturerbestätte an der Ostküste Schottlands ist Edinburgh zweifelsohne eine Hauptstadt, die man gesehen haben muss. In Edinburgh trifft Tradition auf Moderne. Mit seiner liebevoll erhaltenen Altstadt und der Royal Mile, in der man sich bei dem Anblick schmaler Gassen und mittelalterlicher Wohnungen träumerisch verlieren kann, sowie mit dem modern erbauten Neustadtviertel, dem New Town, im georgianischen Baustil bietet diese Stadt für jeden Besucher genau das richtige Ambiente.

Sehenswürdigkeiten in Edinburgh

Neben dem schon oben erwähnten Edinburgh Castle, welches man in jedem Fall mit einem Besuch von Edinburgh City verbinden sollte, gibt es noch ein paar wunderschöne Orte, die Sie besichtigt haben sollten, wenn Sie einen Abstecher nach Edinburgh planen.

Die Royal Mile (Altstadt): Das Herz der schottischen Altstadt stellt die Royal Mile dar. Hier spielt sich das Leben der zum Teil alteingesessenen schottischen Einwohner ab und von dort aus führen viele kleine und geheimnisvolle Gassen rechts und links vom Trubel der Hauptstraße weg. Die Royal Mile verläuft ab dem Edinburgh Castle im Westen bis ca. 1,5 Meilen hinunter in Richtung Holyrood Palace im Osten. Somit verbindet die Royal Mile die Burg mit dem Palast und stellt dementsprechend eine der wichtigsten Handelsmeilen der Region dar. Aufgrund dessen liegen auf diesem Weg noch heute nicht nur etliche Geschäfte, sondern auch zahlreiche interessante Sehenswürdigkeiten. Für eine Erkundungstour, einen Einkaufsbummel sowie ein Abendessen sollten Sie einen ganzen Tag einplanen.

Princess Street Gardens (New Town): Parallel zu der Altstadt gelegen bildet die Princess Street die neumodische Schwester zu der Royal Mile. Auch hier lohnt es sich, für einen Shoppingtrip die Taschen bereit zu halten und dem Alltagstrubel der schottischen Innenstadt zu lauschen. Wem das alles zu laut wird, der kann sich in den Princess Street Gardens, welche sich zwischen der Princess Street und dem Burgberg erstrecken, eine Verschnaufpause gönnen. Seit 1903 begrünen die Gärtner hier den sogenannten „Floral Clock" mit rund 30.000 Pflanzen. Sehenswert ist ebenso das kleine Gardeners Cottage, welches ein Stück unterhalb der Floral Clock liegt.

Calton Hill: Östlich der Princess Street gelegen finden Sie den Calton Hill. Er ist einer der sieben in Edinburgh gelegenen Hügel. Auf ihm finden sich sowohl das National Monument und das Nelson Monument als auch das Dugald Stewart Monument. Nicht zu vergessen ist, dass auf diesem Berg eine Sternwarte eingerichtet wurde.

Insidertipp: Genießen Sie einen Sonnenuntergang auf dem Calton Hill. Von hier aus erstrahlt Edinburgh in einem wunderschönen, romantischen Licht.

Leith – Edinburghs Hafen und Portobello Beach: Auch bezeichnet als „Edinburghs Tor zum Meer", ist der Hafen mit seinen renommierten Restaurants und bekannten Schiffen einen Ausflug wert. Einen wunderschönen Spaziergang können Sie bei Sonnenuntergang ebenso am 3 km langen Strand Portobello Beach genießen, der im 19. Jahrhundert als das beliebteste Naherholungsgebiet Schottlands galt.

Insidertipp: Alle Sehenswürdigkeiten Edinburghs liegen nahe beieinander. Somit empfiehlt es sich, die Stadt zu Fuß zu entdecken oder eine Hop-on-Hop-of-Bustour zu buchen.

Anreise nach Edinburgh: Der einfachste Weg, um vom Flughafen aus nach Edinburgh zu gelangen, ist die Nutzung öffentlicher Verkehrsmittel. In diesem Fall nehmen Sie den Airport Bus (Airlink 100 der Lothian Busgesellschaft am Busstopp D) für ca. 30 Minuten bis zum Weaverly Bahnhof, der die Endhaltestelle markiert. Ein Hin- und Rückfahrticket kostet 7,50 Pfund, ein Einzelticket 4,50 Pfund.

Übernachten in Edinburgh

Die Übernachtungsmöglichkeiten in der Hauptstadt sind schlichtweg überflutend. Sowohl für den kleinen Geldbeutel als auch für das „Rundum sorglos Paket" ist in dieser Stadt etwas zu finden. Unabhängig davon, ob Sie die Stadtmitte oder lieber ein etwas abgelegenes, ruhiges Viertel bevorzugen, findet sich in Edinburgh und Umgebung für jeden Anspruch die perfekte Übernachtungsmöglichkeit.

Tipp für den kleinen Geldbeutel: Empfehlenswert, falls Sie die schottische Kultur etwas näher kennenlernen möchten, sind Übernachtungsmöglichkeiten in den heimischen Gasthäusern oder B&B Hostels. Hier erhalten Sie neben einem liebevoll eingerichteten Zimmer auch ein selbstgezaubertes Abendessen und dazu liebevolle Gespräche mit echten schottischen Einwohnern.

Ab 20 Pfund sind hier in der Regel wunderschöne Unterkünfte zu finden. Die Hotels in der Stadtmitte bieten selbstverständlich ein exklusiveres Ambiente, dies jedoch auch zu einem entsprechenden Preis von durchschnittlich 100 Pfund. Hier eine kleine Empfehlung für die Sparfüchse und Abenteurer:

• **At the Gates B&B** – ganzjährig geöffnet – ab 25 Pfund/Nacht (07521 283276 // Thegates103@hotmail.com)

103 Milton Road West,

Edinburgh, Midlothian, EH15 1GB

Das B&B ist nahe dem Stadtzentrum gelegen und mit dem Bus in 5-7 Minuten zu erreichen. Falls Sie mit dem Auto anreisen, gibt es Parkmöglichkeiten direkt vor Ort. Das Zimmer verfügt über TV und WLAN. Für Liebhaber gibt es den Duddingston Golfplatz in der Nähe.

• **Doris Crook B&B** – ganzjährig geöffnet – ab 30 Pfund/Nacht (01312585784 //dorised@icloud.com)

66 Lasswade Road,

Edinburgh, Midlothian, EH16 6SB

Doris und Ed Crook bieten ein Doppelzimmer mit eigenem Bad an. Die Herberge ist ca. 4 km vom Stadtzentrum entfernt und gut mit dem Bus zu erreichen.

Falls Sie direkt vom Edinburgh Flughafen aus anreisen sollten, bietet ihnen die Familie Crook nach Absprache gerne einen Abholservice an. Das Zimmer verfügt über TV, WLAN, Tee/Kaffee, Haartrockner, ein eigenes Bad mit Badewanne sowie eine Dusche und Parkplätze, falls eine Anreise mit dem Auto geplant ist.

Essen in Edinburgh

Vorab sollte gesagt sein, dass die Verpflegung in den Restaurants jeden Besucher sehr weit in den Geldbeutel greifen lässt. Essen in Schottland ist kostspielig, aber lecker.

Circus Cafe Bistro: Um das schottische Frühstück zu genießen, besuchen Sie am besten das Circus Cafe Bistro in der Marys Street. Auch wenn man hier ein klassisches schottisches Frühstück erhält, spürt man, dass dieser gemütliche Laden mit der Zeit gegangen ist. Nicht nur Fairtrade steht hier ganz oben auf der Prioritätenliste, wenn es um die leckeren Gerichte geht, sondern vor allem auch Bio und gesundes Essen. Das typische schottische Frühstück besteht üblicherweise aus Eiern, Bacon, Würstchen, Bohnen, Tomaten, Pilzen, Scones und Brot. Sollten Sie so ein deftiges Frühstück nicht gewohnt sein, empfiehlt es sich bei der gebotenen Portionsgröße, dass man sich den Frühstücksteller gegebenenfalls teilt.

Adresse: 8 St Mary's Street, Edinburgh EH1 1SU

Insidertipp: Falls Sie noch mehr Lust auf die süßen Seiten der englischen und schottischen Essgewohnheiten haben sollten, kommen Sie an einem „Fudge"-Geschäft nicht vorbei. Diese süße Besonderheit hat in jedem Fall einen beeindruckenden geschmacklichen Wiedererkennungswert. Empfehlen können wir die Fudge Kitchen auf der High Street.

The Royal McGregor: In diesem typisch schottischen Pub, welches zentral an der Royal Mile gelegen ist, können Sie einen Gourmet-Klassiker der Einheimischen genießen: Den Haggis. Lassen Sie sich aber in keinem Fall von dem Aussehen dieser schottischen Nationalspeise abschrecken, der Geschmack des Haggis ist im Vergleich zu seinem Aussehen einfach köstlich. Dieses beliebte schottische Gericht ist ein herzhafter Pudding, der aus Fleisch (klassischerweise Schafsmagen und Innereien), Haferflocken, Zwiebeln, Salz und Gewürzen gefertigt wird.

Empfehlenswert ist eine Reservierung vorab.

Adresse: 154 High St, Edinburgh EH1 1QS

Jamies Italian Edinburgh: Wenn Sie auf Nummer sicher gehen wollen, finden Sie in diesem Lokal inmitten des Zentrums von New Town ein Essen, das ihnen bekannt vorkommen wird. Denn der Besitzer dieses Ladens ist kein geringerer als der bekannte TV-Koch Jamie Oliver. Mit seiner klassischen italienischen Küche erfreut man den Gaumen mit einem wahren Schmaus und kann in dem eleganten und doch gemütlich eingerichteten Restaurant einen langen Reisetag entspannt ausklingen lassen.

Adresse: 154 High St, Edinburgh EH1 1QS

Hula Juice Bar: Wenn Sie am Nachmittag einen Kaffee und ein gutes Stück Kuchen genießen möchten, sind Sie in diesem kleinen Café am Grass Market an der Royal Mile genau richtig. Hier wird man von dem liebevoll eingerichteten Ambiente förmlich zum längeren Verweilen eingeladen.

Adresse: 103-105 West Bow, Edinburgh EH1 2JP

Tipps für den kleinen Geldbeutel: Der Belushis Burger Laden am Bahnhof Waverly Station – hier gibt es zu einem guten Preis-Leistungs-Verhältnis Burger ab 9 Pfund – oder das The Piemakers Street Food Restaurant an der South Bridge – hier gibt es Gerichte ab 1,20 Pfund. Ein unschlagbarer Geschmack zu noch unschlagbareren Preisen.

Die schönsten Orte für Harry-Potter-Fans in Edinburgh

Elephant House in Edinburgh oder auch die Geburtsstätte von Harry Potter: Das Elephant House lässt sich kaum verfehlen, denn nicht selten ist genau dieser Ort überfüllt mit Harry-Potter-Fans, die eben jenen Ort sehen möchten, an dem Joanne K. Rowling einen Großteil der Harry Potter Reihe hat entstehen lassen. Aus genau diesem Grund bezeichnet sich das Café selbst auch als den „Geburtsort von Harry Potter" und man findet im Geschäft selbst zahlreiche Bilder von Joanne K. Rowling, wie sie schreibend vor ihren damals noch in den Kinderschuhen steckenden Welterfolgen sitzt. Das eigentliche Highlight dieses Ortes sind jedoch die Toiletten. An jedem vorhandenen Wandstück haben sich die Harry-Potter-Fans verewigt.

Adresse: 21 George IV Bridge, Edinburgh EH1 1EN

Öffnungszeiten: Montag - Donnerstag 8 - 22 Uhr / Freitag 8 - 23 Uhr / Samstag 9 - 23 Uhr / Sonntag 9 – 22 Uhr

Friedhof Greyfriars Kirkyard in Edinburgh – Tom Riddles Grab: Der Friedhof stellt nicht nur eine Filmszenerie dar, sondern bot Joanne K. Rowling auch mehrere Inspirationen für die Namen ihrer Buchfiguren. So liegt hier ein gewisser William McGonagall, welcher der Namensgeber für die Hauslehrerin Griffindors, Professor McGonagall, geworden ist. Außerdem findet man das Grab von Tom Riddle bzw. von dem echten Thomas Riddell auf dem Friedhof. Wenn Sie das Gelände betreten, führt Sie ihr Weg links an der Kirche vorbei auf den hinteren Teil des Friedhofs. Hier sind beide Gräber recht nahe beieinander zu finden. Direkt hinter dem Friedhof befindet sich die George-Heriot-School, die Joanne K. Rowling als Inspiration für die Hogwarts-Schule gedient haben soll.

Adresse: 62 Candlemaker Row, Edinburgh EH1 2QA

UNIVERSITÄTSSTADT ABERDEEN

Als nur drittgrößte Stadt Schottlands hat Aberdeen einen ganz besonderen Charme und steht ihren beiden größeren Schwestern Edinburgh und Glasgow in nichts nach. Auch unter dem Namen „Silver City" bekannt, erstrahlt ein Großteil der Gebäude in prachtvollem Granit. Für diese Baukunst ist die Stadt schon seit vielen Jahrhunderten bekannt.

Aberdeen ist glücklicherweise um einiges weniger vom Tourismus in Anspruch genommen worden als Edinburgh oder Glasgow. Genau dieser Punkt macht Aberdeen zu einem perfekten Reiseziel für jeden, der Schottland nicht nur erleben, sondern auch in vollkommener Ruhe genießen möchte. Natürlich bietet auch Aberdeen als Studentenstadt eine ausreichend ausgebaute Tourismus-Infrastruktur, sodass man sich als Neuling in Aberdeen problemlos zurechtfinden oder in den Informationshäusern nach Hilfe fragen kann, aber auch als erfahrener Schottlandreisender entdeckt man immer wieder etwas Neues. Während Sie in vielen anderen Städten der Region regelmäßig auf Reisegruppen treffen, kann man in Aberdeen ein paar ganz besondere Augenblicke genießen, vor allem, wenn man allein durch die sehenswürdigen Burgruinen schlendert, ohne dass dauerhaft das klackende Geräusch eines Fotoapparates die wunderbare Atmosphäre stört. Sowohl in der Sommersaison als auch in den restlichen Monaten lohnt es sich also, dem drittgrößten Städtchen Schottlands einen Besuch abzustatten.

Insidertipp: Die Silver City bietet vor allem nach einem Regenschauer einen wundervollen Anblick. Denn in diesem Moment kommt der Granit mit seinem funkelnden Glanz im Sonnenlicht zum Strahlen.

Liebevoll erhaltene historische Gebäude, Museen, das Meer und der Strand sowie ein nicht zu unterschätzendes Shoppingangebot und die klassischen kleinen Pubs lassen Sie ganz in die gemütliche schottische Kultur eintauchen. Nicht ohne Grund wird Aberdeen auch als die Universitätsstadt Schottlands bezeichnet. Jeder Zehnte von den 214.000 Einwohnern Aberdeens gehört zu der städtischen Studentengesellschaft und dieser Lebensstil verleiht der Stadt einen ganz besonderen und persönlichen Glanz. 1495 im heutigen Stadtteil Old Aberdeen gegründet, ist die University of Aberdeen als dritte

Universität in Schottland, nach St Andrews und Glasgow, ein wahres Schmuckstück und immer einen Besuch wert. Die mit Kopfsteinpflaster ausgelegten Wege schlängeln sich durch das historische Viertel. Sie werden sich förmlich in eine längst vergangene Zeit versetzt fühlen, wenn Sie bei einem Nachmittagsspaziergang durch das Studentenviertel schlendern.

Sehenswürdigkeiten in Aberdeen

Im Vergleich zu Edinburgh besticht Aberdeen mit seinem klassischen und zurückhaltenden Charme. Der Trubel des Großstadtalltags hält sich zurück und lässt Sie somit die Studentenstadt in ruhigem und liebevollem Stil entdecken. Um einen ersten allgemeinen Überblick von der Stadt zu erhalten, empfiehlt es sich, sich einfach dem Leben im Stadtzentrum hinzugeben und sich ein wenig unter die schottischen Einheimischen zu mischen. Auf der Union Street, der Hauptstraße Aberdeens, spielt sich ein Großteil des einheimischen Lebens ab. Hier finden Sie viele kleine Restaurant, Cafés und Pubs. Außerdem sind die Union Street und das Stadtzentrum die optimalen Ausgangspunkte, um alle weiteren Sehenswürdigkeiten zu besuchen.

Im Kapitel „Attraktionen und Sehenswürdigkeiten" haben Sie Dunnottar Castle kennenlernen dürfen. Hier lässt sich ein Besuch in Aberdeen wunderbar mit einem Trip zu den bezaubernden Ruinen des Schlosses in Aberdeenshire verbinden. Ebenso lohnt es sich, auf dem Weg in diese Richtung in dem kleinen Ort Stonehaven, südlich von Aberdeen, eine Rast einzulegen und einen Spaziergang an der Stonehavener Bucht zu genießen.

Insidertipp: In Stonehaven gibt es ein erstklassiges „Fish & Chips"-Gericht in dem Restaurant „The Bay Fish & Chips". Vor allem für den kleinen Geldbeutel ein absoluter Gaumenschmaus.

Anreise von Aberdeen nach Dunnottar Castle: Mit dem eigenen Auto oder Taxi in ca. 30 Minuten //mit dem Bus in 49 Minuten (wobei in diesem Fall die Anreise mit dem Taxi die kostspieligste Variante ist)

Marischall College: Wenn man Aberdeen besucht, kann man sich der Magie des zauberhaften Colleges kaum entziehen. Es befindet sich direkt im Stadtzentrum und ist somit nicht zu verfehlen. Das Marischal College ist das wohl bekannteste und eindrucksvollste Gebäude von Aberdeen und Umgebung und es ist nicht nur atemberaubend schön in seiner Bauweise, sondern auch das zweitgrößte Granitgebäude der Welt.

Old Aberdeen und Kings College: Aberdeens Altstadt beherbergt nicht nur die schönsten, sondern auch die sehenswertesten Gebäude der Stadt und erlaubt es Ihnen umso mehr, sich in Tagträumen der vergangenen schottischen Zeiten zu verlieren. Nördlich des Stadtzentrums gelegen, bildet ein Großteil der Altstadt das über 500 Jahre alte „Kings College", welches wiederum jedes Herz eines Harry-Potter-Fans höherschlagen lässt, da man sich aufgrund der atemberaubenden Kulisse fühlt wie im Film.

The Brew Dog: Hier ein Geheimtipp für alle männlichen Schottlandbesucher. The Brew Dog ist eine der beliebtesten und vor allem regionalen Biermarken Schottlands. Es stammt aus dem kleinen Ort Ellon in Aberdeenshire. Falls Sie die Kunst der einheimischen Bierbrauerei kennenlernen und testen möchten, empfiehlt es sich, an dem „The Dog Walk" teilzunehmen. Bei dieser sehr unterhaltsamen Führung durch das Hauptquartier und die Brauerei des

The Brew Dogs lernen Sie nicht nur die Geschichte der Brauerei kennen, sondern dürfen zum Schluss auch noch die vielen unterschiedlichen Varianten des The Brew Dog Bieres kosten und natürlich als Andenken an diesen einmaligen Ausflug mit nach Hause nehmen.

Anreise nach Aberdeen: Da Aberdeen einen eigenen Flughafen besitzt, ist die direkte Anreise von Deutschland aus ganz problemlos zu planen. Vor Ort erhält man am Flughafen ohne viel Aufwand ein Ticket für den Transfer in das Stadtzentrum. Alternativ kann man dieses Ticket auch im Voraus buchen und in diesem Fall einen Privattransfer in Kleingruppen genießen. Hier empfiehlt sich der Anbieter „Get your guide". Für den Transfer fallen ca. 60 Pfund pro Gruppe ab 2 Personen an.

Übernachten in Aberdeen

Sandman Hotel: Falls Sie bereit sind, ein wenig mehr für Ihre Übernachtungsmöglichkeit zu investieren, können wir Ihnen das erst 2018 eröffnete Sandman Hotel wärmstens ans Herz legen. Hier erwarten Sie ein großes und modern eingerichtetes Zimmer, frei verfügbares WLAN und ein im Preis inbegriffenes, klassisch schottisches Frühstück. Im

Zentrum der Stadt gelegen ist es der optimale Ausgangspunkt für alle Schottlandbesucher, die nicht nur am Tag die sehenswerte Gegend erkunden möchten, sondern auch Aberdeen bei Nacht kennenlernen wollen.

Adresse: St Andrew St, Aberdeen AB25 1AD Telefon: +44 1224 945555

The Aberdeen Youth Hostel: Für den sparsamen Geldbeutel (ab 20 Pfund/Nacht) ist das Aberdeen Youth Hostel eine wunderbare Alternative. Von Mehrbettzimmern bis hin zu Einzelbetten hat das Hostel für jeden Urlauber ein liebevoll und modern eingerichtetes Zimmer vorbereitet. Bei der Anreise mit dem Auto ist das kostenfreie Parken inbegriffen, ebenso erhalten Sie freies WLAN sowie Handtücher und Bettwäsche. Lediglich das Frühstück ist nicht im Preis inbegriffen, dies kann man entweder dazu buchen oder in der hauseigenen Gästeküche die Selbstverpflegungsmöglichkeiten nutzen. Die Innenstadt erreichen Sie zu Fuß in 20 Minuten. Alternativ besteht die Möglichkeit, den Bus zu nehmen.

Adresse: 8 Queen's Rd, Aberdeen AB15 4ZT Telefon: +44 1224 646988

Essen in Aberdeen

Kulinarisch hat Aberdeen eine Menge zu bieten. Die Stadt zeichnet sich aufgrund ihres Studentengesellschaftscharakters mit hippen und modernen Restaurants aus, denen Sie in jedem Fall einen Besuch abstatten sollten. Hier haben Sie eine umfangreiche Auswahl sowohl an modernen als auch an traditionellen schottischen Gerichten.

The Howies: Das Howies zählt zu den modernen, jedoch klassisch geführten schottischen Restaurants, in denen Sie einen langen Reisetag wunderbar ausklingen lassen können. Hier finden Sie eine ganze Reihe traditioneller Gerichte, die in Schottland sehr fleischlastig sind, aber auch vegetarische Optionen sowie einheimische Fischgerichte stehen zur Verfügung. Eine absolute Gourmetempfehlung!

Adresse: 10-14 Victoria St, Edinburgh EH1 2HG

The 99 Bar & Kitchen: Bei diesem Unternehmen handelt es sich wohl um das derzeit hippste Bar & Kitchen-Konzept Aberdeens. Ob Sie gemütlich bei einem guten Cocktail den Abend einleiten wollen oder in entspannter Atmosphäre einen selbstgemachten Burger genießen möchten. In der 99 Bar & Kitchen finden Sie alles, was das reisende Herz begehrt.

Hier fühlt man sich definitiv im derzeitigen Zeitalter angekommen und man würde kaum vermuten, dass man sich derzeit in einer solch geschichtsträchtigen Ortschaft aufhält.

Adresse: 1 Back Wynd, Aberdeen AB10 1JN

Geheimtipp: Der Eisladen Macies 19.2 sollte nicht spurlos an Ihnen vorbeigegangen sein. In diesem Eisgeschäft finden Sie das beste Eis in ganz Schottland. Was es mit der 19.2 auf sich hat? Ganz einfach: Da der Eiscremeladen sein Eis selbst herstellt, bezieht er seine Milch von einer Farm, die exakt 19.2 km von dem Geschäft entfernt ist.

ARBEITER- UND HANDELSSTADT GLASGOW

Auf den ersten Blick wirkt Glasgow als größte Stadt Schottlands mit seinen 600 000 Einwohnern wenig einladend, da Industrie und Handel an diesem Ort die Oberhand gewonnen haben. Doch lieber Industrie und Handel anstatt dem vergangenen städtischen Leumund der „Mörder Hauptstadt" weiterhin zu frönen. In der Vergangenheit war Glasgow bekannt für seine zahlreichen Gangs und Gruppierungen, vor denen man sich, sobald die Sonne unterging, lieber in Acht nehmen sollte. Es dauerte eine ganze Zeit, bis die Stadt ihr Sicherheitsproblem in den Griff bekam und ihrem Dasein durch Handel und Industrie einen ganz besonderen Stellenwert geben konnte. Aus diesem Grund wirkt Glasgow ein Stück härter und von seiner Geschichte gezeichneter als Edinburgh und Aberdeen.

Aufgrund ihrer Vergangenheit ist die Stadt Glasgow ein beliebter Wohnort für Künstler, Musiker und Berühmtheiten, eben weil diese Stadt nicht der Norm entspricht und mit ihren Eigenarten Spielraum lässt für künstlerische Freiheit und Lebensweise. Man kann Glasgow auch heute noch mit einem ungeschliffenen Diamanten vergleichen. Die wahre Schönheit werden Sie erkennen, wenn Sie Ihren Ausflug zu den geheimnisvollen Orten der Stadt genießen und sich im Fluss des Lebens der Glasgower Einwohner treiben lassen.

Insidertipp: Falls Sie vor einem einheimischen Glasgower stehen und das Gespräch suchen möchten, wundern Sie sich nicht, wenn Sie plötzlich ein Verständigungsproblem haben. In Glasgow spricht man zum Großteil das sogenannte Glaswegian (oder auch Glasgow Pattern), einen fast unverständlichen schottischen Dialekt, der mitunter sogar dem englischen Native Speaker Probleme bereitet. Lassen Sie sich jedoch nicht davon abschrecken, den Kontakt zu den Anwohnern zu suchen. In der Regel ist dieses nette und zuvorkommende Volk immer dazu bereit, Ihnen weiter zu helfen.

Sehenswürdigkeiten in Glasgow

- **University of Glasgow**: Erbaut im Jahre 1451, bildet die University of Glasgow die zweitälteste Universität Schottlands. Wo sie in vergangenen Zeiten nicht unbedingt ein Schmuckstück gewesen sein mag, stellt sie nach zahlreichen Ausbauarbeiten heute einen Genuss für jeden Besucher dar. Man kann sich als Besucher problemlos auf dem Campus herumtreiben oder an einer Führung teilnehmen. Was Sie sich nicht entgehen lassen sollten, ist der Anblick der sogenannten „Cloisters". Die Cloisters beschreiben in diesem Fall nicht wie traditionell die klösterlichen Kreuzgänge, sondern vielmehr die tragenden Säulen unter dem Gebäude, die den Kreuzgängen zum Verwechseln ähnlich sehen und somit einen bezaubernden Blick auf vergangene Zeiten geben.

Touren: Dienstag bis Sonntag um 14 Uhr ab 10 Pfund/ Erwachsene

• **Glasgow Necropolis:** Necropolis ist einer der faszinierendsten Friedhöfe Schottlands. In Glasgows Stadt der Toten liegen seit fast 200 Jahren mehr als 50.000 ehemalige Bewohner begraben und haben ihren Frieden mit der Stadt gefunden. Die ehemalige High Society Glasgows baute sich aufwendige Mausoleen und reich verzierte Grabsteine. Gut erhaltene viktorianische Pavillons, Gruften und Denkmäler lehnen sich liebevoll an the Craigs, ein Hügel direkt neben dem Friedhof.

Insidertipp: Die sogenannte Bridge of Sighs oder auch „Seufzerbücke" führt zu dem damals angedachten unterirdischen Gang in die Katakomben. Sie überqueren die Brücke zwangsläufig, da Sie den Eingang zu Necropolis darstellt.

Anfahrt: Am einfachsten ist die Anfahrt in Verbindung mit der Bus-Stadtrundfahrt des Anbieters Citysightseeing Glasgow (zwei Tagestickets ab 15 Pfund). Diese Tour startet am George Square und bietet alle 10 bis 20 Minuten die Möglichkeit, einzusteigen. Falls Sie mit dem Auto unterwegs sein sollten, halten Sie sich am einfachsten in Richtung St. Mungos Cathedral (die ebenfalls einen Abstecher wert ist), dort finden Sie auch, in diesem Fall, kostenpflichtige Parkplätze.

Öffnungszeiten: letzter Einlass 16 Uhr
Eintritt: frei

Übernachten in Glasgow

Bei der Wahl der Unterkunft in Glasgow sollte man in jedem Fall bedenken, dass es nachts schwierig und teuer werden kann, mit den öffentlichen Verkehrsmitteln in weiter abgelegene Stadtteile zu gelangen, da die meisten Busunternehmen spätestens um

Mitternacht die Fahrten einstellen. Falls man mit dem Auto unterwegs ist, stellen die etwas abgelegeneren Unterkünfte eine wertvolle Low-Budget-Variante dar.

The Cathedral House: Bei diesem Bed & Breakfast handelt es sich um die gehobene Übernachtungsklasse (ab 100 Pfund/Nacht). Wer also für seine Übernachtungsmöglichkeit gerne etwas tiefer in die Tasche greift, ist hier an der richtigen Adresse, was das Preis-Leistung-Verhältnis betrifft. Aufgrund seiner Lage gleich neben der Kathedrale im alten Teil von Glasgow erkennen Sie das Gebäude an seinem von der viktorianischen Zeit geprägten Baustil. Alle Zimmer verfügen über TV, Bad mit Regendusche, kostenfreie Pflegeprodukte sowie WLAN und ein leckeres schottisches Teegebäck. Die Entfernung zum Stadtzentrum beträgt knapp 1 km.

Adresse: 28-32 Cathedral Square, Glasgow City Centre

The Merchant City Inn: In diesem privat geführten 3-Sterne-Hotel finden Sie auch für den kleinen Geldbeutel eine angenehme Unterkunft im Zentrum von Glasgow. Die Unterkunft liegt im Herzen des Glasgower Stadtteils Merchant City, welcher nicht nur mit seinen ausgedehnten Einkaufsstraßen, sondern auch mit den zahlreichen Restaurants, Bars und Kulturangeboten ein verlockendes Urlaubsangebot bereithält. Neben der modernsten Einrichtung ist hier auch ein kontinentales Frühstück im Preis (ab 50 Pfund/ Nacht) inbegriffen. Falls Sie mit dem Auto anreisen, ist direkt vor Ort ein kostenfreier Parkplatz vorhanden.

Adresse: 52 Virginia Street, Glasgow City Centre, Glasgow, G1 1TY

Essen in Glasgow
Auch in Glasgow liegt der Durchschnittspreis für ein gutes Essen über dem, den Sie aus Deutschland kennen.

Insidertipp: Falls Sie vorhaben, am Wochenende auszugehen, sollten Sie vorher lieber einen Tisch reservieren. Auch wenn es unhöflich klingen mag, aber eine Tischreservierung gehört seit vielen Jahren zur schottischen Esskultur. Daher kommt es in renommierten Restaurants oft dazu, dass Besucher ohne Reservierung zur Tür gebeten werden, selbst wenn noch freie Tische vorhanden sind.

Cafezique: Sind Sie auf der Suche nach einem ausgiebigen Frühstück, erhalten Sie hier alles, was Sie sich wünschen, und das schon ab einem Preis von 7 Pfund. Selbst Vegetarier, Veganer und Freunde der glutenfreien Ernährung werden hier offenen Herzens empfangen.

Adresse: 66 Hyndland Street, Partick, Glasgow G11 5PT

The Cail Bruiche: Eines der besten Restaurants in Schottland finden Sie, wenn Sie sich für das Cail Bruiche entscheiden. Seien Sie sich sicher, dass der Chefkoch selbst Wert darauf legt, dass hier frisch, regional und nach schottischer Tradition gekocht wird. Der Chefkoch persönlich sammelt seine Küchenkräuter in Glasgows botanischem Garten.

Adresse: 725 Great Western Rd, Glasgow G12 8QX

Anreise nach Glasgow: Auch Glasgow besitzt einen eigenen Flughafen und ist somit von Deutschland aus problemlos zu erreichen. Den Flughafen Glasgow Prestwick Airport kann man ebenso wählen, hier findet man oft Flüge für den kleinen Geldbeutel, allerdings befindet sich der Flughafen 60 km weiter südlich von der Innenstadt entfernt. In diesem Fall ist es empfehlenswert, den Zug zur Glasgow Central Station zu nehmen, falls Sie keinen Mietwagen gebucht haben sollten. Von dem Flughafen Glasgow International Airport, welcher ca. 10 km südwestlich des Stadtzentrums gelegen ist, fahren in regelmäßigen Abständen zwei Busse in die Richtung der zentralen Busstation „Buchanan Bus Station" im Herzen der Stadt. Falls Sie mit Ihrem eigenen Auto anreisen, ist die Überfahrt mit der Fähre nach Newcastle upon Tyne der bequemste Weg, um die Insel zu erreichen. Auf der M77 überqueren Sie anschließend die Grenze nach Schottland.

HIGHLANDS & INVERNESS

Nachdem Sie viel über die großen und bekannten Städte des schottischen Landes erfahren haben, kommen wir abschließend zum Herzstück der schottischen Kultur: Die Highlands mit ihrer Stadt Inverness stellen genau das dar, was sich viele unter dem klassischen Bild Schottlands vorstellen – hohe Berge, weite Täler, großflächig verteilte Lochs und kleine Hütten, in denen noch Nachfahren der ehemaligen Clans ihrem friedvollen Arbeitsalltag nachgehen. Alte Burgruinen treffen auf wilde Wasserfälle und hier und da reitet ein einsamer Einheimischer auf seinem Pferd im grünen und wilden Tal entlang.

Ganz fernab von der Realität ist diese Vorstellung wahrlich nicht. Denn auch heute leben noch viele Familien der alten Clans in den Highlands zusammen in ihren Häusern.

Wir empfehlen Ihnen, eine Autorundreise durch die Highlands zu planen. Natürlich können Sie diese individuell planen, hier spielen der verfügbare Zeitrahmen und die individuellen Interessen eine große Rolle. Wir haben für Sie eine 5-tägige Route zusammengestellt, welche die interessantesten und geschichtsträchtigsten Orte der Highlands und des Umlandes beinhaltet und an der Sie sich bei Ihrer individuellen Planung gerne orientieren können.

Tag 1 – Von Glasgow oder Edinburgh nach Loch Lomond: Zwei Stunden von Edinburgh und eine Stunde von Glasgow entfernt, finden Sie Ihr erstes Tagesziel: den einzigartigen Loch Lomond und The Trossachs National Park. Loch Lomond und seine Umgebung beschreiben das größte Binnengewässer

Großbritanniens, welches von kleinen Inseln und wunderschönen Wäldern umgeben ist. Es lohnt sich, die vollkommene Ruhe bei einer der vielen Freizeitaktivitäten zu genießen, die der Nationalpark Ihnen bietet.

Low Budget Unterkunft: The Village Inn - Loch Long, Shore Road, Arrochar, G83 7AX

High Budget Unterkunft: The Cameron House - A82, Loch Lomond, Alexandria G83 8QZ

Tag 2 – Von Loch Lomond über Loch Awe nach Oban: Ihr Weg führt Sie ungefähr 2 Stunden weiter Richtung Norden des Landes. Machen Sie eine Rast am Loch Awe und bewundern Sie die Ruine des Kilchurn Castle. Hier residierte damals der Campbell-Clan. Von diesem Ort aus haben Sie noch 40 Minuten Fahrtzeit bis nach Oban. In Oban selbst werden Sie das Gefühl bekommen, Sie seien in einer fernen Stadt: Rom. Besuchen Sie hier das Collosseum, die älteste Distellery Schottlands und genießen Sie einen Abendspaziergang am Hafen.

Low Budget Unterkunft: Corran House, Victoria Crescent, Corran Esplanade, Oban, Argyll PA34 5PN

High Budget Unterkunft: Perl Oban Hotel,

Station Rd, Oban PA34 5RT,

Tag 3 – Von Oban in Richtung Isle of Mull: Die Isle of Mull beeindruckt mit ihren grünen Hügeln und den dazu im Kontrast stehenden dunklen Felswänden. Nicht zu vergessen ist der seidenweiße Strand, der Sie in seinen Bann ziehen wird. Die Autofähre ist von Oban aus gesehen der einfachste Weg, um auf die Insel zu gelangen. Sie benötigt nur etwa 45 Minuten für die Überfahrt. Somit haben Sie den ganzen Tag Zeit, die Insel zu erkunden, wenn Sie sich früh genug auf den Weg machen. Empfehlenswert ist ein Besuch des Castle Duart und des Hafens von Tobermory, welcher mit seinen bunten Häusern und Fischerbooten verzaubert.

Insidertipp: Leihen Sie sich ein Fahrrad aus und entdecken Sie die Insel auf zwei Rädern.

Low Budget Unterkunft: Park Lodge Inn, Western Road, Tobermory, Isle of Mull, PA75 6PR
High Budget Unterkunft: Glengorm Castle, Tobermory Isle of Mull, Argyll PA75 6QE

Tag 4 – Von Isle of Mull nach Fort William: Um heute zu Ihrem nächsten Ziel aufzubrechen, bietet sich die Autofähre Lochaline an. Diese befindet sich im Norden von Mull und bringt Sie auf das Festland zurück. Ab hier führt Sie Ihre Route nach Glencoe, in den romantischsten Ort Schottlands. Machen Sie hier gerne eine Rast und genießen Sie die klassische Highlander Natur bei einer Fahrt mit dem Sessellift, bei der Sie aus einer Höhe von 670 Metern auf das Tal hinunterblicken können.

Im Anschluss führt Sie Ihre Route weiter nach Fort William. Der Loch Linnhe begleitet Sie auf dem gesamten Weg in die Richtung der Stadt. Falls Sie noch Zeit haben sollten, lohnt es sich, einen Abstecher zum Ben Nevis zu machen, dem höchsten Berg Großbritanniens. Wenn Sie sogar noch einen Tag an Ihre Reisezeit dranhängen möchten, empfiehlt es sich, eine kurze Wanderung durch die Schlucht Nevis Gorge zu den Wasserfällen von Steal Falls zu machen. Hier erwartet Sie ein einzigartiger und majestätischer Anblick der Naturgewalten Schottlands.

Low Budget Unterkunft: Loch View House, Heathercroft Road, Fort William, PH33 6EZ

High Budget Unterkunft: Inverlochy Castle

Hotel, Torlundy, Fort William PH33 6SN

Tag 5 – Von Fort William nach Inverness: Beginnen wird Ihre Tour am letzten Reisetag mit einem Ausflug nach Glenfinnan. Hier lohnt es sich, in den frühen Morgenstunden dem Glenfinnan Viadukt einen Besuch abzustatten, da hier nicht nur jeder Harry-Potter-Fan, sondern auch der interessierte Reisende den berühmten Hogwarts-Express bei seiner Fahrt über das Viadukt beobachten kann. Wenn Sie dieses Schauspiel genossen haben, geht es in einer einstündigen Tour wieder zurück nach Fort William und im Anschluss weiter in Richtung der Stadt Inverness. Auf diesem Weg halten Sie am wohl allseits bekannten Loch Ness an und genießen diesen bekannten Touristenort in seiner vollen Pracht. Empfehlenswert ist auch ein Abstecher zu Urqhuart Castle, welches direkt am Loch Ness gelegen ist und einen umfangreichen Einblick in die schottische Geschichte bietet.

Anschließend geht es auf dem letzten Stück des Weges weiter in Richtung Inverness. Hier sollten Sie gerne noch einen Tag mehr einplanen, denn Inverness ist eine Tagestour wert. Wer auf den historischen Wegen der Stadt wandern möchte, sollte dem Culloden Schlachtfeld einen Besuch abstatten. Wenn Sie sich eher für das Stadtleben interessieren, ist der Inverness Victorian Market zu empfehlen.

Low Budget Unterkunft: Beaufort Hotel, 11 Culduthel Rd, Inverness IV2 4AG

High Budget Unterkunft: Rocpool Reserve Hotel, Culduthel Road, Inverness, IV2 4AG

Insidertipp für Abenteurer: Mag es mit dem Wohnmobil sehr auffällig sein, durch die Highlands zu reisen und Schottland zu erkunden, ist es mit einem umgebauten Bulli oder Van durchaus eine Alternative. Das sogenannte „Vanlife", auch besser als Roadtrip bekannt, ist eine mittlerweile sehr verbreitete Reisekultur und es gibt viele Reisende, die sich ihren Bulli selbst zu einer Wohnung auf vier Rädern umgebaut haben oder auf einen Bulli-Mietservice zurückgreifen. Das freie Parken und Übernachten ist in Schottland zudem, im Vergleich zu Deutschland, problemlos und somit an den wunderschönsten Plätzen möglich.

Tipps für den kleinen Geldbeutel

Letztendlich kann man Aberdeen als kostengünstige Alternative zu einem Edinburgh-Ausflug betrachten. Glasgow bewegt sich im Mittelfeld der Budgetskala. Natürlich ist Schottland im Allgemeinen kein günstiges Reiseland, aber mit dem ein oder anderen Tipp lässt es sich auch mit dem kleinen Geldbeutel entdecken.

Es lohnt sich definitiv, einen Mietwagen vorab zu buchen und am Flughafen in Empfang zu nehmen, denn ein Großteil der Kosten für die Rundreise über die Insel (die ansonsten mit den öffentlichen Verkehrsmitteln immens hoch ausfallen würden) fallen dementsprechend weg. Wenn man, wie im vorherigen Insidertipp erwähnt, einen Roadtrip über die Insel plant und auch dementsprechend über Selbstverpflegungsmöglichkeiten im Bulli oder im Auto verfügt, ist dies natürlich die sparsamste Methode, Schottland zu entdecken. Des Weiteren ist man mit dem eigenen Auto auf einer großen Insel, die einem viel Entdeckungsspielraum lässt und der Spontanität keine Grenzen setzt, wesentlich flexibler.

Auch die täglichen Restaurantbesuche können ordentlich in den Geldbeutel greifen, wenn man sich von dem schottisch kulinarischen Angebot erst einmal hat verzaubern lassen. In diesem Fall heißt es für Sie, stilvoll das Maß zu wahren und zwischenzeitlich einfach einen Abstecher in die schottischen Supermärkte zu genießen. Falls Sie ein Zimmer mit Selbstverpflegung oder eigener kleiner Küche gebucht haben, wird Ihr Reisebudget um einiges mehr geschont als bei dem klassischen Restaurantbesuch.

Viele der Sehenswürdigkeiten kann man kostenfrei besichtigen oder auch ausreichend von außen umgehen und bewundern. Da Schottland vor allem für seine wilde und bewundernswerte Landschaft bekannt ist, macht es durchaus Sinn, eben diese vermehrt mit in den Reisealltag einzubeziehen. Machen Sie kurze Abstecher in die Städte, vor allem, wenn Sie auf der Suche nach Proviant für längere Touren sind, und genießen Sie anschließend wieder die etwas weiter abgelegenen Plätze wie die Highlands, die Sie wirklich nur in Schottland zu sehen bekommen.

Verliebt in ein Land der Träume

Wie in vielen Büchern ist es auch in diesem Reiseführer kaum möglich, den wahren Spirit eines Landes in Worte zu fassen. Schottland, seine Highlands und die traumhaften Stadtkulissen sind in jedem Fall einen großzügigen Ausflug wert und bietet Ihnen die Möglichkeit, nicht nur den klassischen Städtetrip zu erleben, sondern auch die wunderschöne Natur während einer ausgiebigen Wandertour kennen zu lernen.

Falls Ihr Herz höherschlägt, wenn Sie die Natur

entdecken können, bieten sich die Highlands mit ihren vielen Wanderwegen optimal für verschiedene Pilgerreisen an. Mit diesem Reiseführer haben Sie einen ausgezeichneten Wegbegleiter an der Hand, der Ihnen dabei hilft, sich in Schottland und Umgebung zurechtzufinden. Fühlen Sie sich frei, mit den schottischen Einwohnern ins Gespräch zu kommen und die Kultur im eigenen Alltag zu erleben.

Schottland ist nicht zu vergleichen mit vielen anderen Urlaubszielen. Mit seiner Magie und den bezaubernden Orten verleiht Schottland sich selbst einen ganz besonderen Charme. Die Kraft, die viele der von Ihnen besuchten Orte ausstrahlen, hat schon Jahrtausende zuvor die Menschen dazu bewegt, dieses Land zu besuchen, zu besiedeln und in vielen Fällen nie wieder zu verlassen. Nehmen Sie sich also ausreichend Zeit und geben Sie vor allem der schottischen Wildnis die Chance, diese Umgebung auf sich wirken zu lassen und nehmen Sie ein Stück dieser Magie in Ihrem Herzen mit nach Hause.

Packliste

Geld & Finanzen

O (evtl.) Auslandswährung
O Bargeld
O Bauchtasche
O Brustbeutel
O Bauchtasche
O EC-Karte
O Kreditkarte
O Notfall-Telefonnummern der Banken
O Portmonee

Hygiene

O Haarbürste / Kamm
O Deo (klein)
O Shampoo
O Kulturtasche
O Sonnencreme
O Taschentücher

O Reise-Zahnbürste und Zahnpasta

O Verhütungsmittel

Kleidung

O Badeklamotten

O Gürtel

O Hosen kurz / lang

O Mütze / Cap / Hut

O Pullover

O Regenjacke

O Schlafanzug

O Socken

O Sonnenbrille

O Sportklamotten / Jogginghose

O T-Shirts

O Unterwäsche

Medikamente

O Blasenpflaster

O Anti-Durchfalltabletten

O Erste-Hilfe-Set

O Fiebertabletten

O Fiebertabletten

O Mückenschutz

O sonstige Medikamente

O Pflaster

O Kopfschmerztabletten

Unterlagen & Papiere

O ADAC Unterlagen

O Adresslisten für Postkarten

O Krankversicherungsnachweis

O Stadtplan

O Führerschein

O Unterlagen für die Unterkunft

O Wasserdichte Hülle für Reiseunterlagen

O Impfausweis

O Mietwagenunterlagen

O Personalausweis

O Reisepass

O Reisetagebuch

O evtl. Studentenausweis

O evtl. Visum
O Zug- / Bahn- / Flugticket

Taschen & Rucksäcke

O Koffer / Trolley / Reisetasche
O Regenhülle für Rucksack
O Rucksack

Schuhe

O Badeschlappen / Hausschuhe
O Schuhe und Wechselschuhe

Sonstiges

O Brille / Kontaktlinsen und Etui
O Buch zum Lesen
O Ohrenstöpsel und Schlafmaske
O Regenschirm
O Reisedecke
O Wasserflasche
O Wörterbuch

Elektronik

O Digitalkamera
O Handy
O Ladekabel
O Kopfhörer
O evtl. Steckdosenadapter
O Power-Bank

Herstellung und Verlag:

BoD – Books on Demand, Norderstedt

ISBN: 9783750494473

1. Auflage

Kontakt: Psiana eCom UG/ Berumer Str. 44/ 26844 Jemgum

Covergestaltung: Fenna Larsson

Coverfoto: depositphotos.com